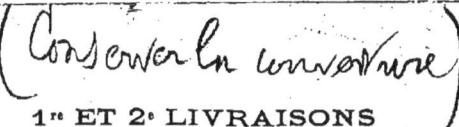
(Conserver la couverture)

1re ET 2e LIVRAISONS

LES COMBATTANTS DE L'ARMÉE DE L'EST EN 1871

GUIDE
DES
PATRIOTES FRANÇAIS
EN SUISSE

PAR

C. CORNAZ-VULLIET

EN VENTE

...cipales Librairies, dans les Bibliothèques de 168 gares françaises (par l'intermédiaire de MM. Hachette et Cie, à Paris) et dans les Kiosques

...ommandes d'une certaine importance, s'adresser à l'auteur à Thonon-les-Bains (Haute-Savoie)

Prix de cette Livraison : 50 centimes.
Prix des livraisons suivantes : 75 centimes.

La prochaine Livraison sera accompagnée d'une première planche, hors texte, représentant 18 monuments élevés dans les Cimetières Suisses à la mémoire des Soldats Français, morts en 1871. — Les suivantes donneront une reproduction du beau tableau de M. A. Bachelin, intitulé : Sous les deux croix, — La défense héroïque du Larmont, etc., etc.

☞ MM. les Libraires disposés à prendre le *Guide* en dépôt sont priés de s'adresser à l'auteur, à Thonon-les-Bains (Haute-Savoie).

OUVRAGES DU MÊME AUTEUR

VOIR PAGE 4 DU « GUIDE »

Pour paraître prochainement : **Instruction militaire de la Jeunesse Suisse**. — **Nos corps de Cadets** *et les institutions similaires à l'étranger, en particulier en France.*

PUBLICATIONS DE Mme C. CORNAZ-VULLIET

La Tombe d'un Soldat Français en Suisse

SOUS PRESSE

Sang de France — Enfants Soldats

et plusieurs notices biographiques

GUIDE
DES
PATRIOTES FRANÇAIS
EN SUISSE

LES COMBATTANTS DE L'ARMÉE DE L'EST EN 1871

GUIDE

DES

PATRIOTES FRANÇAIS

EN SUISSE

PAR

CORNAZ-VULLIET

Journaliste et Publiciste

MEMBRE DE PLUSIEURS SOCIÉTÉS SAVANTES

Illustré de nombreuses gravures, de planches hors texte
reproduisant 100 monuments élevés aux soldats français dans les
cimetières suisses et accompagné d'une carte, indiquant
la position respective des trois armées à la fin de janvier 1871,
ainsi que les cantonnements des internés dans les divers cantons
helvétiques, en février et mars de la même année.

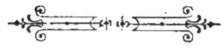

EN VENTE

dans les principales Librairies, dans les Bibliothèques de 168 gares françaises
(par l'intermédiaire de MM. HACHETTE et Cie), et dans les Kiosques.

1897

Tous droits réservés

OUVRAGE DU MÊME AUTEUR

Un Homme d'Etat Suisse. — Biographie complète de Louis Ruchonnet, Président de la Confédération Helvétique en 1883 et 1890, par C. Cornaz-Vulliet, 1 volume in-8 de 726 pages, orné de 48 gravures hors texte.

Diverses autorités et quelques magistrats, comme aussi la presse suisse, sans distinction de parti politique ou de divergences confessionnelles ont honoré ce livre des appréciations les plus bienveillantes. Dans cet ordre d'idées, plusieurs journaux ont insisté sur l'impartialité de cette étude biographique ; l'un d'entre eux s'est même exprimé comme suit :

M. Cornaz est un des hommes à qui Ruchonnet témoigna le plus de confiance, un des intimes du *grand Louis* (comme l'appelaient ses concitoyens dans le langage familier), un de ceux qui ont le mieux connu sa pensée.

Un autre a donné aux deux accusés de réception qu'on va lire, la qualification de MÉDAILLE D'OR décernée à l'auteur.

D'une part le Haut Conseil fédéral faisait écrire à M. Cornaz :

« Cette œuvre considérable et si complète lui rappelle un collègue dont le souvenir est resté cher au cœur de tous ses membres. Ils sont heureux de le voir revivre dans le consciencieux exposé que vous avez fait de ses actes et de ses paroles et vous prient d'agréer pour votre aimable attention l'expression de leur vive gratitude ».

De son côté le Haut Gouvernement vaudois a félicité le biographe en ces termes :

« Le Conseil d'Etat est heureux de saisir cette occasion de vous féliciter pour cette œuvre si complète, qui vous a donné un travail considérable.

« Vous avez bien mérité du pays en faisant revivre la grande figure de Louis Ruchonnet.

« Au nom du canton de Vaud, le Conseil d'Etat vous remercie. »

Le nom de Monseigneur Déruaz se trouvant mentionné dans la page ci-contre nous tenons à rappeler que ce haut dignitaire ecclésiastique a écrit en l'honneur du défunt une lettre de condoléances où se lisent ces regrets partis du cœur « par la mort de l'éminent magistrat il a perdu un véritable ami ».

Pour la liste des publications de Mme et M. Cornaz, prière de lire la couverture ou de s'adresser aux auteurs, à Thonon-les-Bains (Haute-Savoie).

AUX PATRIOTES FRANÇAIS

C'est à vous qui savez vous souvenir des grands jours de la patrie que nous dédions ce livre. Nous osons espérer qu'il sera digne de son objet, du moins dans l'intention.

Le mobile qui l'a provoqué est le désir de mettre en relief la sentence connue *gloria victis*, en l'appliquant aux valeureux défenseurs de notre sol subissant les horreurs de l'invasion. On l'a dit, le sol de la France a été défendu avec une bravoure que l'ennemi lui-même a, pour cause, proclamé bien haut.

Oui, gloire aux vaincus, mais notre désir est aussi de conserver le souvenir des philanthropes connus et ignorés, dont la maxime a été pendant ces temps horribles : *Humanité et Charité*.

Le projet de faire un récit historique des événements survenus à la fin de la guerre franco-allemande, entre les deux pays séparés par le Jura avait reçu le précieux assentiment de M. Louis Ruchonnet, président de la Confédération Suisse en 1883 et en 1890. Dans une lettre adressée à M. Cornaz-Vulliet, le regretté magistrat traçait entre autres ces lignes :

« Votre intention sera bien accueillie dans les deux républiques et en la réalisant vous contribuerez à développer toujours davantage de bonnes relations réciproques. La sortie de presse de ce livre me fera grand plaisir ».

Depuis que ces pensées ont été émises, l'éminent homme d'Etat est mort, sans avoir vu son vœu se réaliser complètement. Au lieu de poursuivre sa narration franco-suisse, le journaliste-publiciste a écrit la *Biographie complète* de M. Ruchonnet. Cette œuvre achevée, M. Cornaz a eu le privilège d'entretenir Monseigneur Deruaz, chef du diocèse Lausanne-Genève, de son désir de reprendre sous une forme nouvelle le travail interrompu en 1893, et de rappeler les noms des soldats de l'armée de l'Est inhumés en terre helvétique.

A cette occasion le vénéré prélat, dont le dévouement en 1871 ne connut pas de bornes, a daigné qualifier cette publication de très utile et de précieuse pour les nombreux parents et amis écrivant des régions les plus lointaines de la France pour s'informer encore après un quart de siècle du lieu où repose l'être qui leur fut cher ou ceux qu'ils avaient tendrement aimés. Dès lors comment ne pas remémorer, dans ce Vade-mecum de nos Patriotes, l'Evêque si respecté dont la belle devise *in viam pacis*, est devenue l'égide d'un long ministère d'abnégation. Placé sous de tels auspices le succès du *Guide* nous paraît assuré et son but sera certainement atteint.

Notre livre se rattache donc à la grande collection des ouvrages sur la guerre franco-allemande, un sujet toujours d'actualité. Comme ses aînés, il s'adresse aux personnes qui se souviennent et il attend d'elles autant de sympathie que de bienveillance.

Voici l'origine de la publication actuelle :

Un groupe de Patriotes français, voulant satisfaire un certain nombre d'adhérents à l'*Œuvre des Prières et des Tombes*, est entré en relation avec M. Cornaz, homme de lettres, l'heureux possesseur, après de longues et coûteuses recherches, d'une liste de tous les noms des soldats français de l'armée de l'Est décédés en Suisse dans les mois de février et de mars 1871. Ne pas perdre de vue que sur plus de 90.000 *Bourbakis*, comme le peuple helvétique désignait dans le langage intime les internés, environ 1.800 reposent disséminés dans 170 cimetières de 21 cantons suisses. Et qu'on ne suppose pas que ce mot de *Bourbakis* dissimule une arrière-pensée quelconque... non, dans la bouche de nos voisins, cette expression constituait une appellation amicale, qu'on comprendra d'autant mieux, en tenant compte qu'ils disent encore aujourd'hui « nos chers *Bourbakis* ».

Cela ne saurait surprendre si l'on se souvient que le *Conteur Vaudois* pouvait écrire en 1871 : « L'attitude de notre population a été si belle, si dévouée, si généreuse, que nous nous demandons si nous ne devrions pas remercier la Prusse d'avoir rejeté ces malheureux sur notre sol hospitalier, tant nous avons éprouvé de bonheur à soulager leurs souffrances ».

Dans cet ordre d'idées, nous n'avons pas été surpris de constater qu'un organe parisien avait pu dire, en 1885 : « Le peuple suisse donna dans cette circonstance les preuves de la plus grande humanité et secourut notre armée avec le plus généreux élan. Il n'oublia pas que les deux nations étaient sœurs par le bon voisinage, par les antiques alliances, et aussi pour avoir respiré ensemble sur les montagnes communes du Jura l'air pur des hauts sommets et l'amour de la liberté. Tous, toutes surtout, rivalisèrent de zèle et de bonté, nous laissant au fond du cœur une impérissable gratitude, gage d'une solidarité plus douce et de sympathies désormais plus étroites ».

Une semblable réception a inspiré à un poète de belles strophes, intitulées avec à propos l'*Accueil*; voici un fragment de ce morceau, dédié à M. Cornaz:

> Autour du foyer clair, on a lavé les plaies,
> Voici des regards bons et des paroles vraies,
> Ce feu, ce pain, ce vin, ces draps blancs, c'est à toi !
> Des larmes dans les yeux, nos petits te font fête.
> Viens, mes bras sont ouverts ! entre, la place est prête
> — Et l'Histoire aura vu, l'Histoire stupéfaite,
> Deux peuples confondus dormant sous un seul toit !

Ces aveux réciproques sont venus nous encourager à faire revivre une époque triste, sans doute, mais dont l'avantage a été de prouver la vitalité de la France et l'amitié de nos aînés en démocratie.

Le *Guide* proprement dit comprendra les localités suisses ayant eu des soldats français en 1871 et la « liste officielle complète » de tous les internés de l'armée de l'Est inhumés en terre helvétique.

Nous complétons ce qui vient d'être dit en observant que pour cette partie de notre publication la tâche de l'auteur a été de se procurer un modèle de chaque monument funéraire, d'obtenir l'épitaphe exacte et les autres détails en rapport avec ce sujet. (Une table spéciale permettra de retrouver sans difficulté la planche reproduisant le monument de chaque cimetière possédant une œuvre sculpturale quelconque). En outre il a eu à classer et à grouper par ordre alphabétique les noms de tous les soldats morts, tels qu'ils se trouvaient disséminés dans plusieurs registres et il a fallu encore les confronter avec des indications fournies dans presque 600 lettres, ainsi que la chose se trouve expliquée plus loin. Enfin il a eu à dresser la table générale de tous les décédés, afin de faciliter les recherches relatives à la place où chacun d'eux repose.

Nous voulons incidemment attirer l'attention de tous les patriotes français et de leurs amis sur une disposition légale en vertu de laquelle toutes les tombes sont en Suisse utilisées à nouveau, après 30 ans, de telle sorte que les tombes de nos soldats sont destinées à disparaître dès 1901. Les pierres tumulaires devront alors être réclamées par leurs ayants-droit; à leur défaut elles seront vendues.

Il nous est revenu que plusieurs localités ont décidé de laisser subsister en lieu et place le monument destiné à perpétuer cette page des annales des deux nations. Ailleurs le monument transformé en cénotaphe est d'ores et déjà destiné à orner une promenade publique ou un emplacement très en vue. Ces attentions délicates nous touchent au-delà de toute expression; ne sont-elles pas destinées à devenir l'éternel trait d'union entre les deux pays?

Une notice historique en rapport avec les événements remémorés dans le *Guide*, due à la plume du journaliste-publiciste mentionné en tête de ces lignes, suivra la nomenclature sus-mentionnée. On y rappellera entre autres comment la courageuse armée, dont le général Clinchant avait pris le commandement, exclue d'un armistice signé à Versailles le 28 janvier 1871, a dû chercher un asile en pays neutre.

Cette partie historique comprend encore un aperçu de toute la guerre, envisagée au point de vue de l'attitude de la Suisse pendant ces évènements, pour insister ensuite sur l'action de Villersexel (9 janvier 1871) et la bataille d'Héricourt (des 15, 16 et 17 janvier), surnommée avec raison le dernier grand effort de l'armée française. Pour terminer ces récits des opérations militaires viendront les importants combats d'arrière-garde de Pontarlier et de la Cluse.

Après avoir fait ressortir les louables efforts que firent les généraux Bourbaki et Clinchant dans le but d'éviter à tout prix une retraite en Suisse, afin de conserver l'armée de l'Est pour tenir tête à l'invasion, les sacrifices considérables faits par les populations dont les nôtres sont devenus les hôtes ont également trouvé leur place.

L'ordre de bataille de l'armée de l'Est et la dislocation des unités tactiques dans les divers dépôts suisses, ne pouvaient être oubliés dans le captivant récit de M. Cornaz; ils sont donc aussi mentionnés.

En chiffres ronds, sur plus de 90.000 internés il y a eu 18.000 malades soignés dans nos hôpitaux ou dans les ambulances organisées pour recevoir ceux d'entre eux n'ayant pas trouvé place dans les établissements hospitaliers.

Relativement aux morts le *Rapport officiel suisse*, publié en 1873 et dû à la plume de M. le major E. Davall, évalue le nombre des trépassés à 1.701. Ainsi que cela a été dit, à la page 6, le chiffre exact est sensiblement supérieur; (il figurera à la fin de notre travail). La cause de cette différence se justifie par le fait que l'auteur du *Guide des Patriotes* a cru bien faire de réclamer à chaque localité où il y a eu des internés les noms des soldats qui y ont été ensevelis. Dans cette intention et pour mieux atteindre son but, M. Cornaz s'est adressé simultanément à plusieurs fonctionnaires (autorités ecclésiastiques, secrétariats de villes, greffes communaux, officiers d'état civil, directions d'hôpitaux, etc.) des 230 localités ayant eu des cantonnements d'internés. Comme réponse, il a reçu en communication des noms que dans la fièvre des événements d'alors on a oublié de porter à la connaissance de l'administration centrale. Nous insistons sur cette différence dans l'intention de faire ressortir la peine prise pour dresser une liste complète de tous les soldats décédés. Enfin cette même liste permet de constater que plusieurs internés sont morts en Suisse longtemps après le rapatriement de l'armée de l'Est (complètement achevé à la fin de mars 1871); leur état désespéré étant venu s'opposer à un déplacement, ils sont restés après le départ des leurs et l'espoir de retourner dans leur patrie ne s'est pour eux pas réalisé.

On a observé qu'environ 1.800 morts sur une armée de 90.000 hommes était un nombre peu élevé en tenant compte de l'état général de cette troupe au commencement de février de la même année. Ces chiffres viennent corroborer les bons soins donnés et reçus.

Ainsi que M. Cornaz a pu l'écrire, jusqu'au 31 janvier 1871 le touriste arrivant en Suisse, viâ Pontarlier, se contentait d'admirer le si pittoresque défilé de la Cluse, dominé à droite de la voie ferrée par le fort de Joux. Sa pensée se reportait jadis sur les tortures de Berthe ou sur la captivité de Fouquet, de Mirabeau et de Toussaint-Louverture. Dès le lendemain l'impression est devenue tout autre. L'auteur ayant été visiter les lieux mêmes qui furent témoins de ce lugubre épisode, ces pages se liront avec intérêt et on y découvrira des détails, sans doute peu connus ou absolument ignorés.

Le manuscrit de M. Cornaz fournit encore la preuve qu'on se trouve bien en présence de renseignements précieux sur cette journée du 1er février.

Une semblable remarque s'applique entre autres au texte destiné à accompagner les trois illustrations ci-après. Ces paysages d'hiver reportent la pensée sur l'époque où se déroulèrent les évènements qui eurent lieu dans leur voisinage immédiat.

La première gravure de la page suivante représente la maison de garde n° 27, située sur une section du réseau P.-L.-M., exploitée par la Compagnie

Suisse du Jura-Simplon; c'est près de cette maison qu'eut lieu la principale action du combat de la Cluse. On y voit encore présentement un arbre percé à sa

base par un boulet (ce détail s'observe très bien sur notre gravure) et d'autres souvenirs sur lesquels l'auteur insiste, cela va sans dire. A une petite distance de là, du côté de la Suisse, il y a une fontaine, avec un arbre creusé en guise de bassin. Un casque et un fusil à aiguille jonche la terre, ou pour rester dans le vrai, la neige ; ils marquent la place que grâce à la précision du tir des canons de nos forts du Larmont et de Joux, les Allemands durent abandonner au fort de l'engagement.

La troisième gravure représente le « Monument du Tournant de la Cluse ». Confortablement assis dans le

wagon d'un train à l'allure rapide ou simple promeneur on y revoit en imagination une scène mémorable des annales contemporaines, on y ressent ce quelque chose qui vous dit tout bas : là plane le génie protecteur d'une grande nation restée grande dans l'adversité. Située loin du bruit de la foule, cette contrée solitaire mériterait de se voir appelée les Thermopyles de la France. Un célèbre orateur sacré a eu l'heureuse inspiration d'insister sur le caractère grandiose de l'action d'une troupe alors désorganisée, ayant encore eu la force de tenter un coup suprême, dans ce qu'on a nommé avec raison son agonie. Nous aurons soin de reproduire plusieurs fragments de ce panégyrique, absolument conforme à la plus scrupuleuse vérité.

Les inscriptions qu'on voudrait pouvoir lire disparaissent presque complètement cachées sous d'innombrables couronnes ; c'est que d'un grand nombre de départements on est venu visiter ce coin de pays où 500 ennemis, dont 350 hommes du seul régiment de Colberg, ont trouvé le trépas. Le jour où en compagnie de quelques amis M. Cornaz avait été photographier cet emplacement aujourd'hui si isolé (soit le 19 février 1893), il était couvert de neige comme en février 1871 ; ces couronnes portaient alors les noms de Paris, de Lyon, du Hâvre, de Bordeaux, de Marseille et d'Alsace-Lorraine. D'autres couronnes avaient été déposées par les enfants des écoles. Que veut-on de plus émouvant ?

Plus loin, soit dans le cimetière qui sert de cadre à l'église de Saint-Pierre-la-Cluse, on s'arrête devant un mausolée élevé à la mémoire des soldats français tués dans le combat du 1er février 1871. Deux passages du livre des Macchabées y sont accompagnés de ces strophes, que nous ne résistons pas à reproduire :

> Passants, saluez en silence
> Ceux qui reposent en ce lieu ;
> Soldats, ils sont morts pour la France,
> Laissant aux jeunes la vengeance
> Leur âme et leur épée à Dieu !

Après la note triste la note gaie se laisse aussi entendre pour décider les plus moroses.

Afin d'en fournir la preuve il nous suffira de glaner dans la notice historique précitée cette réflexion charmante : « On était au lendemain de l'entrée en Suisse des 90.000 français, au commencement de février 1871 ; dans cette occurence le rédacteur d'une feuille de l'Allemagne méridionale, soucieux de plaire en Prusse, avait écrit : « Nous posons la plume dans le but de « réfléchir où nos voisins d'outre Rhin vont prendre « 90.000 cuillères pour l'armée de l'Est, dont notre « Manteuffel a su les gratifier. »

Comme en termes très dédaigneux ces choses étaient dites ; mais la réponse ne se fit pas attendre longtemps et c'est une gazette saint-galloise qui se chargea de la riposte, en rendant toute réplique impossible. Voici les réflexions de ce journal, sans autres commentaires : « Nous possédons encore « une réserve de plus de 10.000 cuillères, souvenir « des révolutions avortées de Bade, du Wurtemberg « et de la Bavière en 1849 — les autres 80.000 se trou- « veront aussi facilement que 90.000 fourchettes, « 90.000 couteaux et 90.000 assiettes, car nous sau- « rons être d'assez galants amphitryons pour ne pas « composer leur menu uniquement de soupe servie « dans une gamelle. »

Arrêtons nos citations, afin d'éviter de trop divulguer les primeurs et autres incidents recueillis par le consciencieux historiographe et revenons à l'analyse succincte de la partie sérieuse de ce livre. Nous constaterons, chemin faisant, que des épisodes en apparence d'un intérêt secondaire, viennent contribuer à faire mieux comprendre l'action principale. On ne saurait perdre de vue que grâce à l'internement de notre armée, déjà au commencement de mars 1871, nous vîmes rentrer dans nos foyers 88.000 hommes ayant échappé aux casemates d'outre-Rhin et ne tarissant pas à faire l'éloge des soins prodigués par un peuple sachant pratiquer la *Charité* et l'*Humanité*... Sur plus de 90.000 soldats, disions-nous 18.000 malades reçurent les soins les plus affectueux. En outre la France avait sauvé 300 canons, 72.500 armes à feu portatives et quantités d'armes blanches, de voitures, d'objets d'harnachement, de munitions, etc., sans compter que sur 12.000 chevaux, dont un millier périt, presque 11.000 nous furent restitués ou ont été vendus pour le compte de la France.

Quant aux nombreux réfugiés sur le sol de la libre Helvétie, ils liront également ce récit avec les sentiments innés dans les âmes d'élite.

A côté de plusieurs gravures en rapport direct ou indirect avec le principal sujet traité dans ce vademecum du patriote français, cette publication comprendra la reproduction artistique des cent monuments destinés à marquer la place où nos infortunés reposent chez une nation amie.

A la lecture de toutes leurs épitaphes on sent bien la vraie signification de *pro patria!*

Qu'on ne vienne pas dire que les Suisses ont été parcimonieux pour faire revivre le souvenir de nos morts. Parmi ces monuments il en est un qui mérite une mention spéciale; c'est celui élevé près du Brassus, dans la vallée du lac de Joux, à l'endroit même où un soldat avait expiré dans la neige, non loin de la frontière française. Personne n'a jamais su le nom de l'humble héros qui repose sous une belle pierre dont voici l'inscription :

Semblable épitaphe dédiée par des Suisses à un *inconnu* mort pour la France est une conception à tous égards sublime.

L'idée que ce bloc de granit doit transmettre à la postérité a dès l'origine frappé l'imagination d'une jeune fille, alors âgée de quatorze ans; dans des strophes d'une délicatesse exquise elle se fait l'interprète de sentiments dont nos lecteurs et en particulier nos lectrices, sauront apprécier tout le charme....

On n'a pas su son nom, et la lugubre pierre
Restera muette à jamais!

D'autres monuments ont un cachet grandiose prononcé et il nous sera permis de rappeler que le 7 janvier 1872, soit le jour de l'inauguration de l'obélisque élevé dans le cimetière de Montoie, à Lausanne, à la mémoire de 54 soldats français, M. Ruchonnet, devenu plus tard, disions-nous, deux fois président de la Confédération suisse, avait pu prononcer ces mots caractéristiques souvent répétés : « Ils n'ont pas sauvé la patrie, ils ont sauvé son honneur ».

Dans cette circonstance, M. Deruaz, curé du chef-lieu du canton de Vaud, promu depuis lors évêque du diocèse Lausanne-Genève, avait trouvé de chaleureuses paroles pour faire l'éloge de cette charité qui ne connaît ni frontières, ni langues, ni partis et ne voit que des frères dans des malheureux. C'était de sa part une fine allusion à l'adresse de la majorité des Confédérés de religion protestante ayant rivalisé de zèle avec la minorité catholique pour soulager des Français dont le plus grand nombre était de même confession.

La gravure ci-contre, reproduite d'après la *Biographie complète de Louis Ruchonnet*, par M. Cornaz-Vulliet, représente cette cérémonie ; elle permet de reconnaître les six orateurs ayant parlé ce jour-là — ils sont placés à droite du mausolée dans l'ordre suivant: MM. P. Vulliet (beau-frère de l'auteur du *Guide*), de la Cressonnière (portant l'uniforme de capitaine de franc-

Cérémonie d'inauguration d'un monument élevé dans un cimetière suisse à la mémoire de soldats français.

tireur), L. Ruchonnet (au moment où il prononce son discours), L. Durand, J. Deruaz et L. Walras.

Le présent livre a été écrit parce que son auteur a pu se convaincre qu'il répondait à un besoin, qu'il l'a cru bon, utile, même nécessaire. Paul-Louis Courier dit quelque part : « Ce n'est pas un droit, c'est un devoir, étroite obligation de quiconque a une pensée, de la produire et de la mettre au jour pour le bien commun. » C'est afin d'obéir à ce devoir, signalé par le célèbre érudit, que nous avons désiré publier un semblable *Guide* et nous constaterons à la fin de ces pages qu'il ne s'y rattache aucune idée de spéculation.

Ainsi que cela a été dit, la courte relation historique destinée à compléter ce livre a reçu l'adhésion d'un magistrat très en vue et un haut dignitaire de l'église romaine a pu déclarer qu'une liste de nos soldats décédés en Suisse comblerait une lacune ; fréquemment encore, disait-il, malgré le temps écoulé depuis 1871, de nombreuses familles ou des amis font encore demander à des ecclésiastiques où repose un des leurs ou tel camarade dont le souvenir subsiste.

Muni de notre *Guide*, il sera à l'avenir facile, au moyen d'une table alphabétique dressée avec beaucoup de soin, de renseigner les parents et amis soucieux de connaître l'endroit où dorment dans la paix ceux qu'ils devaient ne pas revoir. Toutes les fois que cela a été possible les noms sont accompagnés des indications suivantes : prénoms ; lieu d'origine ; département ; compagnie ou batterie, bataillon, régiment, escadron ou de la simple mention de l'unité tactique ; grade et numéro matricule, date, âge et cause du décès.

Constatons encore qu'une dame, faisant partie d'un comité de l'*Union des Femmes de France* pour secours aux blessés et malades militaires en temps de guerre, fondée en 1881, qui compte avec les membres associés un chiffre d'adhérents supérieur à 35,000, disait à Mme Cornaz-Vulliet, membre de la section de Saint-Claude (Jura), qu'elle supposait que l'œuvre de son mari recevrait également un bon accueil de la part des autres intéressés à la _Croix rouge française (Sociétés de secours aux blessés,_ créée en 1866, et _Association des Dames françaises,_ instituée en 1879), comme aussi du public en général. Dès lors, ces diverses considérations sont, de leur côté, venues prouver l'utilité et l'à-propos d'un ouvrage de ce genre.

Coïncidence curieuse, ces prévisions sont encore corroborées par une autre dame, dont le concours fut particulièrement précieux dans cette époque si lugubre pour tout ceux dont le privilège est de savoir compatir avec les souffrances ; elle a fait parvenir à l'auteur ces lignes caractéristiques : « Votre _Guide_ à la main ce sera une patriote qui ira visiter les tombes — ce sera son dernier grand voyage important avant de mourir ». Combien nous regrettons de ne pas être autorisé de donner son nom.

Pourquoi ne dirions-nous pas en passant qu'à l'occasion de la Toussaint toutes ces tombes reçoivent leurs couronnes ou leurs bouquets, hommage des localités respectives ou des nombreuses colonies françaises en Suisse. En outre ces mêmes colonies font assez fréquemment d'une visite au cimetière, où s'élève un monument portant le millésime de 1871 le but d'une promenade, ayant volontiers pour épilogue une chaleureuse improvisation. D'autres fois il n'est pas rare d'y lire une dédicace dont le mérite est de prouver que l'éloignement, et les frais qui en sont le corollaire, n'ont pas empêché les compatriotes, parents et amis de franchir de grandes distances pour accomplir un devoir. Si l'on tient compte qu'en France le culte des morts est particulièrement en faveur, ces détails trouvaient leur place ici et le _Guide,_ objet de ces lignes viendra faciliter les pèlerinages en l'honneur de jeunes gens enlevés à des familles dont ils étaient la joie, à leurs concitoyens dont ils furent l'espérance.

Un semblable livre vient, affirmons-nous, combler une lacune ; il aura sa place marquée dans nos bibliothèques publiques ou privées, sur la table du foyer de l'intimité où le soir on fait en famille les récits d'antan, aussi bien que dans la poche de nos touristes visitant la Suisse. En allant se recueillir quelques instants là où sont couchés, dans la poussière, des hommes ayant combattu pour la France, ils seront heureux de constater que ces citoyens morts loin du pays natal, reposent au milieu de populations qui nomment encore de nos jours ces tombes « le pieux héritage légué par l'année terrible », ils sentiront vibrer en eux et dans toute sa force le mot de France ; ils comprendront l'indéfinissable frisson patriotique.

On nous a cité cette exclamation, empruntée à un éloge funèbre : « Souvenez-vous en toujours — ne les oubliez jamais — priez pour eux ! »

Ces paroles, admirables dans leur simplicité, devraient frapper au cœur d'un groupe de patriotes, persuadé que la victoire du général Bourbaki c'était la rive gauche du Rhin restant étroitement unie à la France, n'ayant pas à subir la loi du vainqueur : le le droit de la force.

Sans avoir eu la satisfaction de voir leurs efforts couronnés par le succès, les noms de ces courageux défenseurs sont dignes de passer à la postérité.

Le temps s'envole rapide, emportant chaque jour un lambeau du souvenir de 1870-71. Avant qu'il soit trop tard nous avons tenu de rassembler ces renseignements épars, destinés à honorer des hommes grands dans la défaite, martyrs de leur dévouement.

Disons avec M. Paul Déroulède :

> Ils ont lutté n'étant ni l'espoir, ni le nombre,
> Et sans cesse détruits, et renaissants toujours,
> C'est un éclair divin de cette époque sombre...

En nous permettant de modifier une strophes des *Chants du Soldat* nous dirons que leurs tombes semblent chuchoter à nos oreilles :

> O mon pays ! souviens-toi !
> Souviens-toi de nos souffrances :
> Nous sommes là hors de France !

Un patriote fribourgeois, M. Majeux, s'est chargé de répondre à cette exclamation lorsqu'il a composé pour la pierre tombale du cimetière de Fribourg cette pensée remarquable d'élévation :

> Dormez en paix, un peuple ami veille sur vous !

Il la complète dans les strophes suivantes :

> Sans avoir pu te sauver noble France
> Ils ont vu sous nos cieux venir leur dernier jour,
> Mais en jetant vers toi leur doux regard d'amour
> D'amour et d'espérance !

La gravure intercalée à cette place représente un père et une mère, venus de bien loin pour visiter en Suisse l'endroit où leur enfant a été enseveli, recommander son âme à Dieu et voir ce qui n'est plus! Autrement dit la religion est toujours le puissant consolateur des affligés et les années n'ont pas effacé, dans bon nombre de familles françaises, le profond chagrin provoqué par certains deuils. Ces sentiments sont si beaux qu'ils méritaient une mention spéciale.

Le rôle plein d'abnégation de l'épiscopat helvétique et du clergé ne pouvait pas être perdu de vue et il n'a pas été oublié. Dans d'heureuses digressions l'écrivain mentionne plusieurs fragments d'oraisons funèbres prononcées dans les deux pays — impossible de les lire sans éprouver une bien légitime émotion.

M. Cornaz n'a pas non plus perdu de vue l'activité si louable du *Souvenir français*, société nationale pour l'entretien des tombes des militaires et des marins morts pour la Patrie.

Animé du désir de faire la part de chacun, le même auteur a soin de parler de la Belgique, rivalisant de zèle pour bien recevoir les malheureux soldats auxquels le sort des armes avait été défavorable en 1870 et il n'a pas oublié de reproduire le beau monument élevé dans le cimetière de Bruxelles à la mémoire de ceux d'entre eux qui étaient décédés dans cet autre pays neutre.

A côté du genre d'illustration dont le présent fascicule donne des spécimens, d'autres comprendront quelques portraits de personnages français et suisses, politiques, militaires ou du clergé, ayant vu leur noms mêlés à ces évènements.

Ce livre bénéficie d'une inspiration aussi religieuse que patriotique et il constituera une réminiscence de l'année horrible envisagée dans le cas spécial au point de vue des dévouements sublimes inspirés par tant de calamités et c'est bien le côté consolant de son cortège de choses que la plume oublie volontiers.

Chaque situation a ses ombres, néanmoins les progrès réalisés depuis plus de vingt-cinq ans nous font penser que le temps actuel vaut mieux que le temps passé et avec l'aide de Dieu le temps futur vaudra mieux que le temps présent.

En cherchant à justifier le titre de Vade-mecum du Patriote français en Suisse le *Guide* mentionne également les localités ayant eu le privilège de n'avoir pas de morts et où il n'existe donc pas de tombes françaises. En procédant de la sorte nous nous sommes souvenus que là aussi on y avait gardé un excellent souvenir des hôtes de 1871. Ces notices feront, nous l'espérons, plaisir soit aux survivants, en leur permettant de reporter leur pensée sur une page mémorable de leur vie, soit aux parents et amis dont le nom d'une ville ou d'un village suisse aura été souvent prononcé en leur présence. Nous en trouvons une preuve dans ce qui sera dit sous le nom de *Moudon*, avec mention des habitants de la ville de Draguignan (Var). En outre l'auteur a toujours pris soin d'indiquer la situation respective de ces diverses localités sur une ligne ferrée, sur un lac desservi par un service de bateaux à vapeur ou les voitures postales mettant en relation de rares villages ayant eu des internés, mais ne bénéficiant pas encore des moyens de locomotion accélérés.

Dans bien des cas le voyageur ou le touriste se trouvant soit dans un train, soit dans une diligence ou sur un bateau, peut apercevoir le monument des soldats français. Que de fois n'a-t-on pas l'occasion d'entendre dans le voisinage de Berne, de Fribourg, de Payerne, de Moudon, d'Yverdon ou de Morges, pour citer le nom de quelques villes, cette exclamation : « Vous n'oublierez pas de regarder en passant le cimetière de l'une ou l'autre de ces localités, qu'un patriote ne verra jamais sans émotion et à Fribourg comme à Morges le monument des soldats de 1871 se distingue très bien ».

Un semblable voyage dans les cantons helvétiques devient pour tous les Français une occasion de visiter la région de la Savoie, dominée par ce géant continental, selon M. Ch. Darien « l'expression du grand effort de la nature sauvage vers le sublime ».

Comme itinéraires de poche, pour un voyage en Suisse il y a lieu de recommander d'une manière spéciale le *Guide* de M. P. Joanne en deux parties, dont la première comprend : Genève et le lac Léman — Chamonix et le Mont-Blanc — Le Valais — Zermatt et le Mont-Rose et la deuxième partie les autres cantons. Le *Guide Diamant* (en un volume) mérite également d'être consulté. Enfin sur la *Suisse*, il y a lieu de mentionner les deux magnifiques volumes de M. J. Gourdault. Cet ouvrage, édité comme les précédents par la Librairie Hachette, est orné de 825 gravures sur bois.

Pour la collection absolument complète des horaires de chemins de fer suisses, des bateaux à vapeur, des diligences, etc., nous conseillons d'une manière spéciale le **Conducteur Suisse** de la maison Stämpfli et Cie, à Berne, dont il paraît chaque année deux fascicules, l'un pour la *saison d'été* (1er juin - 30 septembre), l'autre pour la *saison d'hiver* (soit les huit autres mois). Nous recommandons d'autant plus volontiers cette utile publication (format carnet de poche) qu'en allant visiter les diverses tombes mentionnées dans le *Guide*, nous avons pu nous convaincre que toutes les heures et autres renseignements étaient exacts.

A ce sujet, nous devons en toute justice signaler que, plus d'un quart de siècle s'étant écoulé depuis les événements auxquels nous faisons allusion, presque toutes les localités suisses dont le nom se trouve lié au séjour des soldats de l'armée de l'Est sont présentement faciles à atteindre et, avec les voyages circulaires combinés (également mentionnés dans le *Conducteur Suisse*), la dépense est considérablement réduite.

☞ Comme conséquence de ce qui vient d'être dit, c'est assurément un véritable cicérone que nous offrons aux patriotes ou aux amis de la France et l'auteur du *Guide* fournira volontiers et gratuitement tous les renseignements qui pourraient lui être demandés par correspondance. (Adresse : Thonon-les-Bains, Haute-Savoie).

Notre groupe a encore appris avec un vrai plaisir que Mme Cornaz-Vulliet avait écrit en 1887 un souvenir intime destiné à ses trois chers petits enfants « lorsqu'ils seront grands ». Résumer en quelques mots ces pages d'album est chose impossible. Bornons-nous à signaler qu'on y voit une mère rappeler à l'intention des siens et en termes touchants ce dont elle avait été témoin comme jeune fille, pendant les mois de février et de mars 1871. Plus tard cette même femme-auteur a encore publié un ravissant petit opuscule intitulé : *La Tombe d'un clairon français en Suisse*, remarqué par bon nombre de patriotes lors de l'exposition nationale installée à Genève en 1896. La plaquette, agréée dans les meilleurs termes par Mme Carnot, pendant son séjour à Fontainebleau en août 1890, faisait écrire par M. Jules Claretie, de l'Académie française : « Elle est une poignée de fleurs jetée sur ta tombe d'un brave. » Si nos lecteurs sauront gré à M. Cornaz de s'être procuré la satisfaction bien naturelle de mentionner des fragments empruntés aux brochures de sa chère compagne, les félicitations dont les deux auteurs ont été respectivement l'objet, sont venues contribuer de nous faire prendre à cœur l'impression immédiate des précieux documents réunis au sujet des 1.800 concitoyens inhumés au-delà du Jura et par la présente livraison ce travail reçoit dès ce jour son commencement d'exécution.

Et puisque ce livre s'adresse à ceux qui se souviennent, nous nous plaisons à rappeler que si savoir se souvenir a été qualifié de chose rare, demeurer reconnaissant doit rester français. Le temps n'a pas effacé et n'effacera jamais nos sentiments de vive gratitude envers la Suisse. Fournir la preuve de tout cela, tel est le vrai but du présent livre ; il ne saurait en avoir de meilleur et voilà pourquoi nous tenions à voir le manuscrit de M. Cornaz bénéficier d'une publicité en rapport avec l'importance de ses recherches.

Nous voulons compléter ces diverses réflexions préliminaires par la constatation qu'une conférence donnée par M. Cornaz le 1er février 1896 (date pour date un quart de siècle après le 1er février 1871), a pour sa part contribué à les décider de ne pas laisser perdre les curieux détails recueillis, car ils sont susceptibles d'enthousiasmer les plus indifférents et l'auteur s'y montre bien un ami de la France.

L'intensité des souvenirs correspondants à l'année 1871 comme la volonté de conserver les pierres sépulcrales destinées à rappeler ce millésime au-delà des trente ans prévus par la législation suisse (mentionnée page 8), vient de recevoir une consécration nouvelle; en effet, on a vu pendant le mois de mai 1897 divers journaux suisses annoncer l'inauguration prochaine (le 29 août) d'un monument élevé à la mémoire de quelques soldats inhumés dans le cimetière de Prilly-Cery, près de Lausanne, et ce ne sera pas le dernier. Dès lors, personne ne voudra contester l'utilité de notre *Guide*.

Complétons cette prochaine perspective avec un récent passé.

Lorsqu'à l'occasion de la fête nationale une colonie française se rend en cortège au cimetière local et que le drapeau tricolore clapote dans l'air, pendant que le cuivre d'un clairon sonne la note grave de quelque mélodrame, un frisson s'empare toujours de la foule des curieux. Il y a décidément quelque chose dans ce qu'on nomme la multitude — elle aussi subit la douce étreinte de l'émotion inspirée par les victimes du devoir.

Quelques échos trouvent leur place ici.

Dimanche, le 11 juillet 1897, comme prologue de la fête nationale du 14 juillet, on a vu toute la colonie française de Genève, accompagnée des associations dont elle se compose aller faire son pèlerinage annuel au cimetière de Châtelaine où, sous un fort bel obélisque sculpté avec beaucoup de goût, reposent quelques-uns de nos soldats ; pour la circonstance, comme cela se pratique toujours (ainsi que dans d'autres localités suisses), des discours ont été prononcés ; cette année on a vu accourir à Genève des sociétés d'anciens combattants de France ; leur but était de prendre part à cette belle cérémonie.

A Lausanne, la colonie a célébré le 14 juillet de sa façon habituelle, nous apprennent les journaux vaudois. La fête a commencé par le dépôt d'une couronne sur le monument des internés de 1871 avec discours de M. l'abbé Weinsteffer.

D'après l'*Ami de Morges* la Société française de cette ville s'est rendue en corps au cimetière pour déposer une couronne sur le monument élevé en mémoire des victimes de l'explosion de l'arsenal. Là, M. Lévy-Schwob a, par quelques paroles émues, rappelé le souvenir de l'Année terrible et parlé des héros qui sont tombés au champ d'honneur ; il a rappelé aussi, « ce qu'aucun Français n'oubliera jamais, la généreuse hospitalité que la Suisse a donnée à nos malheureux soldats ».

D'autre part, on lit dans le *Peuple*, d'Yverdon :

La Société française de notre ville, représentée par une trentaine de ses membres groupés autour du drapeau tricolore, s'est rendue le 14 juillet sur la tombe des soldats français morts à Yverdon pendant l'internement. Une superbe couronne de fleurs aux couleurs nationales a été déposée sur le monument funéraire, et M. Mouthod, curé, a prononcé quelques paroles émues et patriotiques. Etant lui-même délégué du « Souvenir français » et ayant assisté, quoique jeune, aux malheurs de sa patrie, il remercie avec reconnaissance la Société française de se charger chaque année de l'entretien de cette tombe. Après avoir rendu un juste hommage aux victimes qui reposent dans notre cimetière, il termine par ces mots adressés au Créateur : « A nous de leur tresser une couronne de fleurs, à vous de lui donner celle de l'immortalité ». La Société française, par l'organe de son président, M. L. Mathieu, répond immédiatement aux sympathiques paroles de M. le Curé. Cette société, dit-il, remplacera, tant qu'elle vivra, les parents et amis des morts en se chargeant du soin de leur tombe, aussi l'orateur peut-il dire à ceux qui sont couchés là : Dormez en paix, la France pense à vous !

Cette cérémonie simple et pourtant bien faite pour montrer tout le patriotisme des citoyens français habitant notre ville, a laissé une excellente impression à ceux qui y ont assisté, car ils y ont revu une des meilleures démonstrations de l'amour de la patrie.

— 28 —

A Berne, à Bâle, à Bienne et dans d'autres villes suisses, on a également, le même jour, déposé des couronnes sur les tombes de ces victimes de la guerre.

Signalons encore le fait caractéristique suivant : Il ne vient pas de société française en Suisse sans qu'elle aille visiter la tombe des internés de 1871. Le cas s'est encore présenté le mardi 27 juillet 1897, où l'on a vu les délégués français à la fête fédérale de gymnastique de Schaffouse visiter le cimetière de cette ville et y déposer une couronne au nom des gymnastes français. Ces souvenirs respectés sont semblables à une vedette ; s'ils ne montrent pas toujours le chemin de la gloire ils nous ordonnent néanmoins de marcher constamment dans celui de l'honneur.

Pour plus de détails sur ces cérémonies toujours aussi patriotiquement inspirées qu'imposantes on consultera avec intérêt les prochains numéros soit du *Franco-Suisse* de Lausanne, fondé en 1886, soit le *Moniteur Franco-Suisse,* de Genève, de création récente.

Ces démonstrations sont la preuve que le Français où qu'il se trouve sait se souvenir des siens et elles accentuent l'à-propos du présent Vade-mecum. En outre, la toilette de ces tombes est la préoccupation chère des âmes d'élite.

Ailleurs, ainsi que c'est le cas à Aarwangen (Berne), on se propose d'utiliser à nouveau la partie du cimetière où se trouvent les tombes de français ; nous osons espérer que les deux monuments seront conservés à titre de cénotaphes.

D'une lettre écrite par l'ecclésiastique de la paroisse d'Aarwangen, le 26 juin 1897 nous détachons ces lignes :

Longtemps les parents de l'un des trois soldats inhumés dans notre commune venaient de Paris tous les deux ans visiter et entretenir la place où le passant lit gravé sur pierre cette inscription touchante : *Il emporte les regrets de ses nombreux amis et laisse ses père et mère, son frère et sa famille inconsolables.* R. I. P. Depuis un certain temps déjà ils ne sont plus revenus — sans doute ils sont morts à leur tour.

Un autre correspondant écrit :

Au nombre des cimetières idylliques de la Suisse où reposent des soldats français, M. Cornaz nomme le cimetière catholique de Wiedekon et le petit enclos grillé réservé aux tombes de nos soldats dans le cimetière du Bremgarten, à Berne, si bien surnommé le *jardin français*. Nommer tous ces cimetières idylliques rentre dans le cadre du travail de l'auteur; relevons cependant de son manuscrit cette pensée : « Une multitude d'oiseaux y gazouillent dans les cyprès comme pour y charmer le sommeil des morts ».

Les judicieuses remarques suivantes ont trouvé leur place dans une consciencieuse analyse du travail de M. Cornaz :

De nos jours la curiosité historique est des plus exigeante; on interroge le passé pour comprendre le présent et pour se rendre compte des espérances de l'avenir. Si l'auteur de ce livre a entrepris de narrer ce que nous appellerons l'épilogue de la grande guerre (et à lui seul il a fourni le thème de plusieurs livres), on le voit présenter sous un aspect absolument nouveau cette page des annales franco-suisse à la fois dramatique et émouvante.

M. Cornaz n'a pas la prétention d'écrire avec toute l'impartialité et la sérénité de l'histoire. Imitant en cela M. Samuel Denis dans sa récente *Histoire contemporaine*, il a bien vite pris son parti de l'impossibilité de pouvoir traiter d'une façon tout à fait doctrinale et objective une époque encore rapprochée de nous, qui a soulevé tant de passions, qu'après plus d'un quart de siècle nous vivons encore dans sa poussière. M. Cornaz ne se pique donc pas non plus d'avoir cette impartialité qu'on cherchera en vain chez tous les contemporains de la grande guerre; il ne dissimule ni ses préférences ni ses antipathies. Du reste, depuis que dans le monde on a eu connaissance des célèbres retouches apportées par M. de Bismark à la fameuse dépêche d'Ems, on sait de quel côté sont les plus lourdes responsabilités. Or, sans retouches pas de guerre, sans la guerre pas de victorieux et pas de vaincus, victimes d'une certaine incurie ; néanmoins leur bravoure a su accomplir de véritables prodiges. Aujourd'hui la France est forte parce qu'elle a su mettre en pratique le *si vis pacem para bellum*.

Si 1871 a vu la chute de l'empereur Napoléon III et 1871 la proclamation de l'empire d'Allemagne sous l'hégémonie prussienne... tout s'use en ce monde, même la gloire. Au moment même où nous écrivons ces lignes on annonce qu'après la guerre les élections de l'année prochaine y seront le plus grand événement de la seconde moitié du XIXe siècle. Cette prophétie vient accentuer un réveil dans l'opinion publique des sujets de S. M. Guillaume II et la situation du gouvernement de Berlin pourrait être plus grave que les intéressés paraissent le supposer. L'avenir tient en réserve, dans ses poches mystérieuses, de multiples surprises.

On a beaucoup prononcé le mot oublier ; il est des choses qui ne s'oublient pas. Disons avec le poète :

> Mais tous ces fiers enfants dont la France est la mère,
> Gardant l'espoir au fond de leurs cœurs résolus,
> Muets, mais sans oubli, sombres, mais sans colère,
> Sont toujours là pleurant sur ceux qui ne sont plus.

Changeons de sujet.

Nous devons, pour être équitables, témoigner toute notre gratitude à M. Julien Dupuis, ainsi qu'à d'autres artistes dessinateurs d'avoir utilisé leurs rares loisirs en exécutant à notre intention des photographies ou des esquisses, dont l'importance historique est incontestable. Tous auront coopéré à la réussite du *Guide*.

Encore ce détail et nos réflexions préliminaires toucheront presque à leur fin ; ni l'auteur, ni le groupe de patriotes soucieux de conserver le plus de renseignements possible sur cette époque mémorable n'entendent transformer cette publication en une affaire de rapport ; en conséquence il reste convenu que la moitié du bénéfice sera à partager entre l'*Union des Femmes de France* (par l'intermédiaire de la section de St-Claude, déjà mentionnée dans notre page 18), et l'*Œuvre des Prières et des Tombes*, dont le président est le R. P. Joseph, à Douvaine (Haute-Savoie). En son temps, il s'était vu appelé « la Providence des prisonniers de guerre en Allemagne ».

Le numéro de juin de l'*Ange des Orphelins* nous apprend qu'un poète a eu en parlant du si digne ecclésiastique cette inspiration heureuse :

« Les douleurs de la France ont été ses douleurs ! »

La crainte de blesser sa modestie nous empêche d'insister davantage.

Dans des stances adressées à Mme Kœchlin-Schwartz, présidente de l'*Union des Femmes de France*, le poète des *Marches et Sonneries* disait si bien :

Oui, mères, filles, sœurs, épouses, fiancées,
Accourez, accourez en phalanges pressées.

A propos de la *Croix Rouge* M. Cornaz cite quelques strophes composées par M. Eugène de Budé ; nous voulons dès maintenant mentionner celles-ci :

La Charité n'a point ici-bas de barrières ;
Enfants d'un même Dieu tous les hommes sont frères ?

A ces divers titres, nous osons recommander ce livre au bon accueil des sociétés ou associations des anciens combattants de 1870-71, ainsi qu'aux populations des pays voisins et amis; accompagné de nombreuses illustrations, la mise en vente des livraisons commencera dès la mi-juillet 1897 en livraisons, destinées à former un volume d'environ 200 pages.

En se souvenant de cette pensée que Jean Locke exprimait si bien comme suit : « la mémoire est une table d'airain dont le temps efface les caractères, si on n'y repasse pas quelquefois le burin », M. Cornaz a choisi une épigraphe très appropriée à sa causerie historique. Dès lors, chacun voudra posséder ce *Guide* destiné à proclamer bien haut l'étroite amitié des deux plus importantes républiques de notre vieille Europe.

Vas petit livre courir le monde; en favorisant chez grands et petits les plus salutaires réflexions, tu feras sûrement ton chemin. Là où l'on sait encore tenir compte des grandes leçons de l'histoire, tu occuperas certainement une place d'honneur. Les pénibles travaux de la semaine achevés, dans de nombreux foyers domestiques, on te consacrera longtemps, chaque dimanche, quelques instants, en caressant la pensée de découvrir dans tes feuillets quelque chose de nouveau. Et en songeant à reprendre le lendemain les rudes travaux de la semaine, dont il vient d'être parlé, tes nombreux lecteurs te mettront de côté avec la perspective qu'un autre dimanche viendra favoriser les plus salutaires réflexions. Encore une fois, les pages de la notice historique destinée à faire suite à la liste des 1.800 internés inhumés en Suisse plaira certainement aux amateurs des bonnes lectures, en développant chez eux le culte du souvenir.

Et le poète déjà cité a raison de s'écrier :

> C'est l'immortel honneur de notre chère France.
> Surprise désarmée et s'armant tout à coup
> Qu'avec si peu d'espoir tant de persévérance !
> Partout tant de périls, tant de luttes partout !

Malgré la défaite de l'armée dont faisaient partie les internés, l'histoire impartiale reconnaît qu'ils ont sauvé l'honneur et tenu bien haut le drapeau de la patrie.

M. E. Figurey, rédacteur à l'Agence Havas, a une note bien douce lorsqu'il dit à la Suisse :

> Bénis sois-tu ! Jamais la France
> N'oubliera, nous t'en faisons foi,
> La dette de reconnaissance
> Qu'elle a contractée envers toi !

Ces sentiments nous serviront de conclusion.

Août 1897.   *Un groupe de patriotes Français.*

P. S. — Cette introduction générale était écrite, lorsque nous avons glané dans un article bibliographique qu'un important quotidien consacre au *Guide illustré des Patriotes Français en Suisse*, les judicieuses réflexions que voici :

> Il y a quelque chose d'énigmatique dans les sept mots dont se compose le titre de ce livre, où l'on voit réunis les noms d'une nation et d'un pays ; cependant, reconnaissons bien vite qu'on ne saurait lui reprocher de ne pas résumer d'une manière absolument juste et heureuse un sujet digne d'échapper à l'oubli.

Comme pour corroborer ce qui vient d'être dit, l'auteur du *Guide* a reçu, le 7 juin 1897, du R. P. Joseph, à Douvaine (Haute-Savoie), président de l'*Œuvre des Prières et des Tombes*, un précieux encouragement conçu en ces termes :

> Ce culte que vous avez voué à la mémoire de nos chers soldats me pénètre d'admiration et je vous en félicite.
> Les monuments, les honneurs, décernés à leurs restes, les pages éloquentes écrites, telles que les vôtres, Monsieur, attestent qu'après comme avant leur mort la vaillante Suisse n'était plus pour eux une terre étrangère, mais une terre hospitalière et amie.

Déjà, à la date du 25 mars 1892, M. le professeur Niessen, secrétaire général du *Souvenir français*, avait fait parvenir à M. Cornaz les meilleurs vœux pour le succès de sa publication de longue haleine.

Enfin, à propos des témoignages sympathiques dont l'œuvre patriotique projetée a été l'objet, notre désir est de signaler celui de l'organe mentionné plus haut, s'exprimant comme suit :

> Un livre de ce genre se fera promptement une popularité de bon aloi, non seulement dans l'armée ou parmi les anciens combattants

Thonon. — Impr. Masson frères.

POSTFACE

Afin de faire mieux comprendre l'un des buts du *Guide*, nous détachons de notre notice sur **Aarau** la page suivante :

Dans ses étroites limites cantonales la petite patrie argovienne a fourni à l'armée fédérale toute une pléiade d'officiers distingués ; le plus en vue était bien le général Hans Herzog, investi du commandement en chef des milices suisses pendant la guerre franco-allemande. Né à Aarau en 1819, il repose depuis 1894 sous un beau monument, situé dans le même cimetière qu'un remarquable obélisque, orné d'une épitaphe éloquente. On y lit en effet, en langue allemande, ces mots caractéristiques : « **Aux victimes de la guerre 1870-1871, érigé par la communauté d'Aarau** ». Que veut-on de mieux ! Les Suisses de race germanique n'ont-ils pas aussi le cœur à la bonne place ?

Voici les noms des soldats inhumés dans le chef-lieu du canton d'Argovie (la date indique le jour de la mort en 1871 ; une table donne la clef des autres abréviations) :

1. AGASSE François, Grasse (Loire-Inférieure), 38e de ligne, 30 mars. Suite de blessures graves.
2. AMELAIN, AMÉLAIN ou AMELAN Pierre, Plenny (Côtes-du-Nord), 1 train d'équipage, soldat, 1 mars. Typhus.
3. BAGNÉRIS François, Poucharramet (Haute-Garonne), 2. 1, garde mobile, soldat, 21 mars. Typhus.
4. BÉGAND, BÉGAUD, BESAND ou BERAND Désiré, Ourçon-les-Champs (Loiret), 73e mobile, soldat, 28 mars. Typhus.
5. BERGÉ Claude, Vaugneray (Rhône), 3, soldat, 17 mars. Typhus.
6. BERTHÉ ou BERTHET François-Joseph, Chatelranges ou Chaselvanges (Ain), 4, soldat 23 février. Fièvre typhoïde. A aussi été inscrit comme étant de Savas-Messin (Isère).
7. BLUCHEAU Jean, Moret (Vienne), 21-2, train d'artillerie, soldat, 4 mars. Typhus.

Il reste encore, pour achever la liste relative au cimetière d'Aarau, 22 noms ; ainsi que cela a été dit, environ 1800 internés morts en Suisse y ont leurs tombes disséminées dans 170 cimetières.

LISTE DES VILLES OU LE « GUIDE » EST MIS EN VENTE

FRANCE :

PARIS, Hachette, 79, boulevard St-Germain, pour le service de 168 bibliothèques de chemins de fer comprises dans les gares ci-après :

Paris. — St-Lazare — Montparnasse — Orléans — Luxembourg — Denfert — Nord — Est — Bastille — Lyon. — **Dans la banlieue :** Asnières — Versailles (rive droite et chantiers) — Nogent-sur-Marne-Bry. — Vincennes.
Réseaux P.-L.-M. : Aix-les-Bains — Ambérieu — Annecy — Annemasse — Avignon (quai) — Bellegarde — Besançon-Viotte — Bourg — Cannes (vestibule) — Chalon-sur-Saône — Chambéry — Clermont-Ferrand — Culoz — Delle — Dijon — Dôle — Draguignan — Fontainebleau — Genève — Laroche-Saint-Cydroine — Lons-le-Saunier. — Lyon : Perrache — Croix-Rousse — St-Paul — Vaise et Brotteaux — Mâcon — Marseille — Montbéliard — Montpellier — Morteau — Mouchard — Moulins (quai) — Nevers — Nice — Nîmes (quai) — Pierrelatte — Pontarlier — Roanne (quai) — St-Étienne (quai) — Tarascon — Tonnerre — Toulon (quai) — Valence (quai) — Vichy. — **Nord:** Abbeville — Amiens (quai) — Boulogne-sur-Mer — Calais-Ville — Cambrai — Douai (quai) — Dunkerque — Lille. — St-Quentin (quai) — Soissons (quai). **Est:** Avricourt (gare française) — Bar-le-Duc (quai) — Belfort — Chalindrey — Châlons-sur-Marne — Charleville (quai) — Chaumont — Epernay — Epinal — Nancy — Reims — Troyes (quai) — Vesoul (quai). **Ouest:** Caen — Chartres — Evreux — Le Havre (vest.) — Le Mans — Lisieux — Rennes (quai) — Rouen R. D. — **Orléans :** Angers — Blois (quai) — Châteaudun — Châteauroux — Libourne (quai) — Limoges (quai) — Nantes — Orléans, y compris les Aubrais — Poitiers (quai) — Saumur (g. d'Orl.) — Tours — Vierzon. — **Midi :** Agen (quai) — Bayonne (quai) — Béziers — Bordeaux — Cette — Marmande — Narbonne (quai) — Pau — Perpignan — Tarbes (quai) — Toulouse. — **Lignes diverses :** Biarritz (petite gare).

Dans les grandes gares de Paris il est établi plusieurs dépôts de la présente publication.

Le *Guide* sera en outre mis en vente dans des librairies des villes ci-après :

Paris — Annecy — Ardres — Arras — Beauvais — Besançon — Bordeaux — Boulogne-sur-Mer — Caen — Châlon-sur-Saône — Chambéry — Cholet — Clermont-Ferrant — Crépy-en-Valois — Dieppe — Dijon — Evian-les-Bains — Gien — Grenoble — Langres — Le Mans — Le Puy — Lille — Limoges — Lyon — Montluçon — Nancy — Nantes — Orléans — Poligny — Rennes — Rouen — St-Étienne — Thonon-les-Bains — Toulouse — Troyes — Valence — Versailles.

Une affiche spéciale (illustrée) fournit les noms des librairies — elle est adressée gratuitement à toute personne qui en fait la demande à l'auteur.

SUISSE :

Berne — Aarau — Bâle — Chaux-de-Fonds — Coire — Fribourg — Genève — Lausanne — Locle — Lucerne — Montreux — Neuchâtel — St-Gall — Schaffouse — Sion — Soleure — Vevey — Winterthour — Zurich.

BELGIQUE :

Bruxelles — Anvers — Bruges — Gand — Liège — Louvain — Malines — Tournay — Verviers.

www.ingramcontent.com/pod-product-compliance
Lightning Source LLC
Chambersburg PA
CBHW060953050426
42453CB00009B/1179